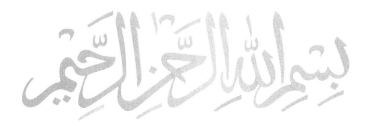

بسم الله الرحمن الرحيم

D1709202

Arabic Alphabet

الحروف العربية

ح	ج	ث	ت	ب	أ
haa	jiim	thaa	Taa	Baa	Alif
س	ز	ر	ذ	د	خ
Siin	Zay	Raa	Dhal	daal	Khaa
ع	ظ	ط	ض	ص	ش
Ayn	Zhaa	Taa	Daad	Saad	Shiin
م	ل	ك	ق	ف	غ
Miim	Laam	Kaaf	Qaaf	Faa	Ghayn
ي	و	هـ	ن		
Yaa	Waaw	Haa	Nun		

حروف شمسية

Sun letters

ت ث

د ذ ر ز س ش

ص ض ط ظ ل ن

حروف قمرية

Moon letters

ا ب ج ح خ ع غ

ف ق ك م هـ و ي

Fatha Damma Sokun

بَ بُ بِ بْ

Kassra

Ba Bo Bi B’

بَ بُ بِ بْ

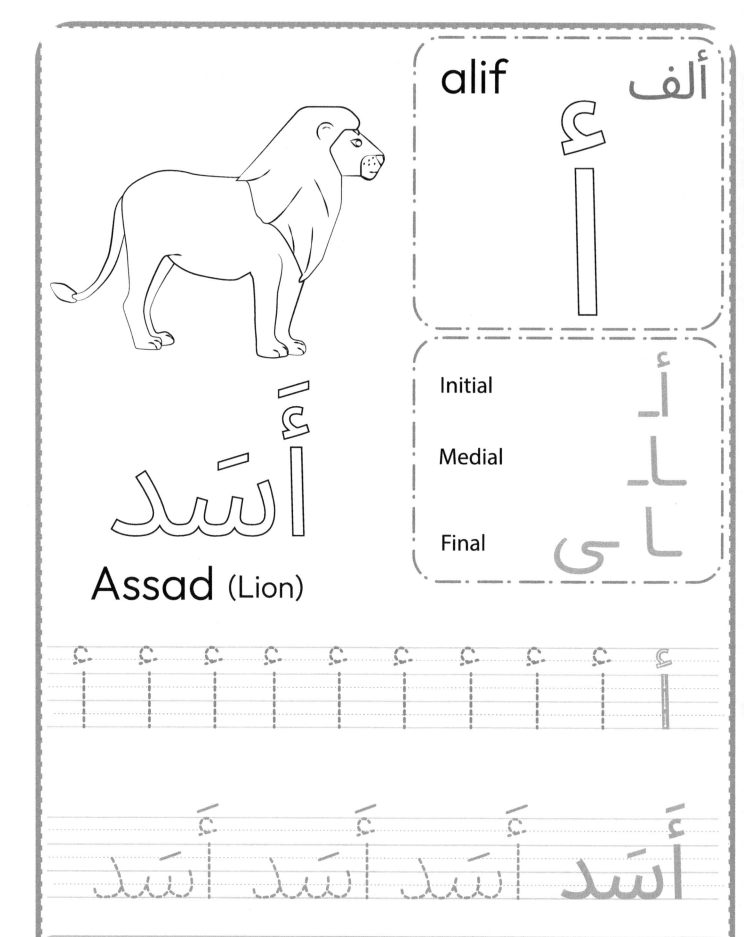

alif ألف

ع

أ

أَسَد

Assad (Lion)

Initial أ ـأ

Medial ـأـ

Final ـا ى

أ أ أ أ أ أ أ أ أ أ

أَسَد أَسَد أَسَد أَسَد

أ ب ت ث ج ح خ د ذ ر ز س ش ص ض ط ظ ع غ ف ق ك ل م ن ه و ي

Trace and write

أَ أَ أَ أَ أَ أَ أَ أَ أَ أَ أَ أَ

أَ أَ أَ أَ أَ أَ أَ أَ أَ أَ أَ أَ

أَسَد أَسَد أَسَد أَسَد

أَسَد أَسَد أَسَد أَسَد

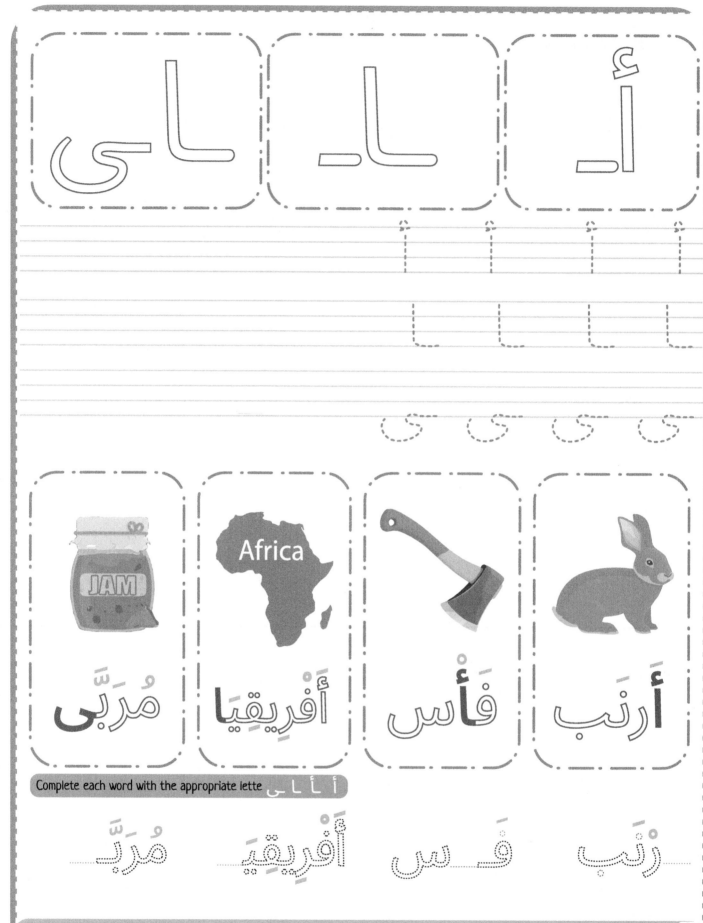

أـ ـاـ ـا ى

أَرْنَب

فَأْس

أَفْرِيقِيَا

مُرَبَّى

Complete each word with the appropriate lette أ أـ ـا ـى

رْنَب ...... فَـ س ...... أَفْرِيقِيـ ...... مُرَبـ ......

أ ب ت ث ج ح خ د ذ ر ز س ش ص ض ط ظ ع غ ف ق ك ل م ن ه و ي

As example, complete each words, write on the blank:

أ + س + د = أسد

ر + أ + س = ر.....................

م + و + س + ى = مـ.....................

أ + ح + م + د = أ.....................

Find and color letter Alif

ش أ ط ع

ف هـ و أ

ح أ س أ

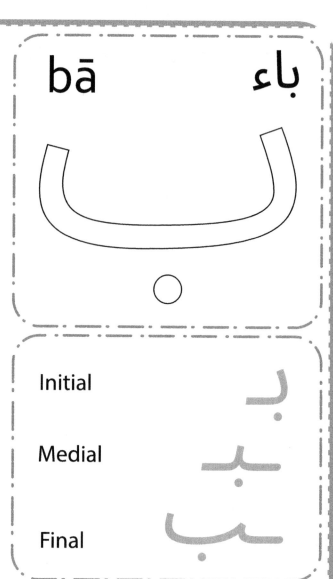

bā

باء

ب

Initial ـبـ

Medial ـبـ

Final ـب

بَطَّة

Batta (Duck)

ب ب ب ب ب

بَطَّة بَطَّة بَطَّة بَطَّة

أ ب ت ث ج ح خ د ذ ر ز س ش ص ض ط ظ ع غ ف ق ك ل م ن ه و ي

Trace and write

ب ب ب ب ب ب ب

ب ب ب ب ب ب ب

بَطَّة بَطَّة بَطَّة بَطَّة

بَطَّة بَطَّة بَطَّة بَطَّة

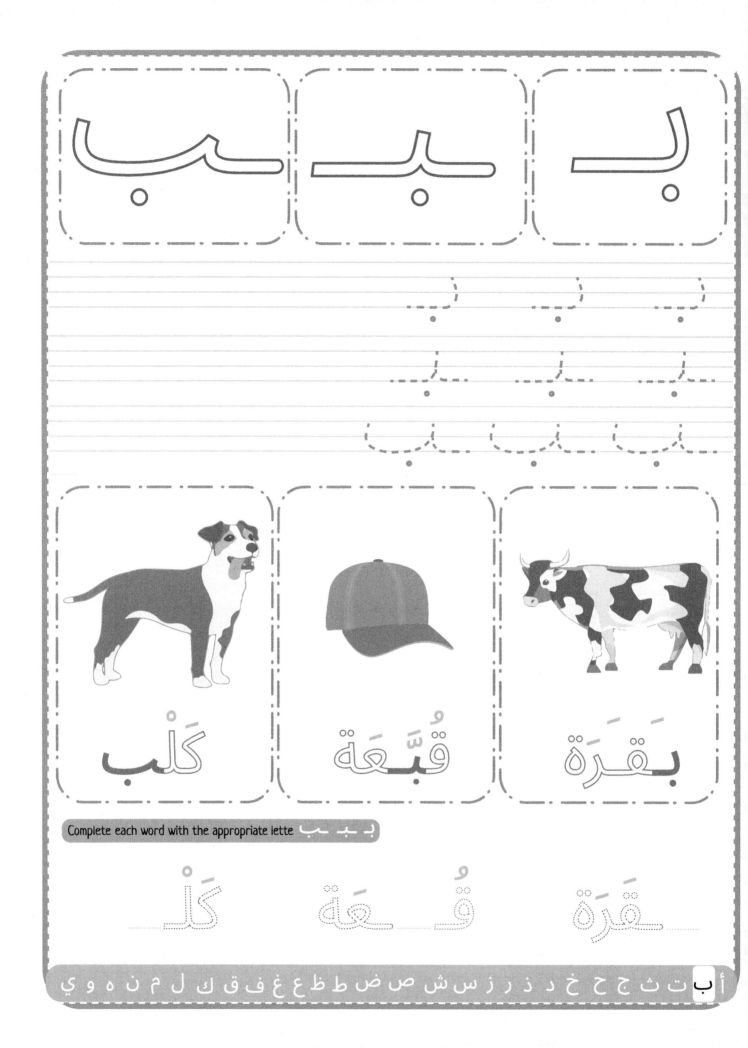

بـ ـبـ ـب

بَقَرَة قُبَّعَة كَلْب

Complete each word with the appropriate lette بـ ـبـ ـب

ـقَرَة قُـعَة كَلـ

أ ب ت ث ج ح خ د ذ ر ز س ش ص ض ط ظ ع غ ف ق ك ل م ن ه و ي

As example, complete each words, write on the blank:

ب + ط + ة = بطة

ب + ئ + ر = بـ ....

خ + ب + ز = خـ ....

م + ر + ك + ب = مـ ....

Find and color letter bā

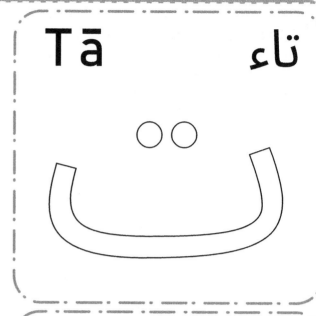

Tā تاء

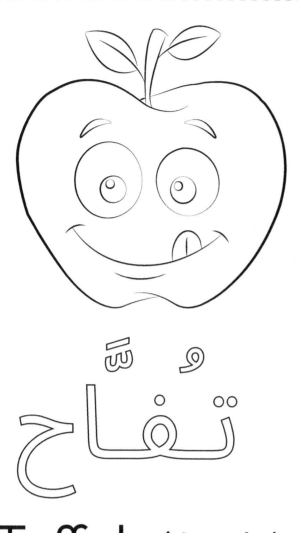

ت

Initial تـ

Medial ـتـ

Final ـت ـة

تُفَّاح

Tuffah (Apple)

ت ة ت ة ت ة

تُفَّاح تُفَّاح تُفَّاح

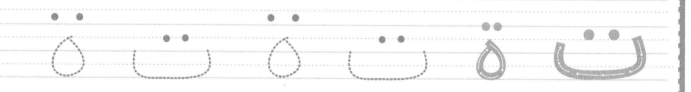

أ ب ت ث ج ح خ د ذ ر ز س ش ص ض ط ظ ع غ ف ق ك ل م ن ه و ي

Trace and write

ت ة ت ة ت ة

ت ة ت ة ت ة

تفاح تفاح تفاح تفاح

تفاح تفاح تفاح تفاح

أ ب ت ث ج ح خ د ذ ر ز س ش ص ض ط ظ ع غ ف ق ك ل م ن ه و ي

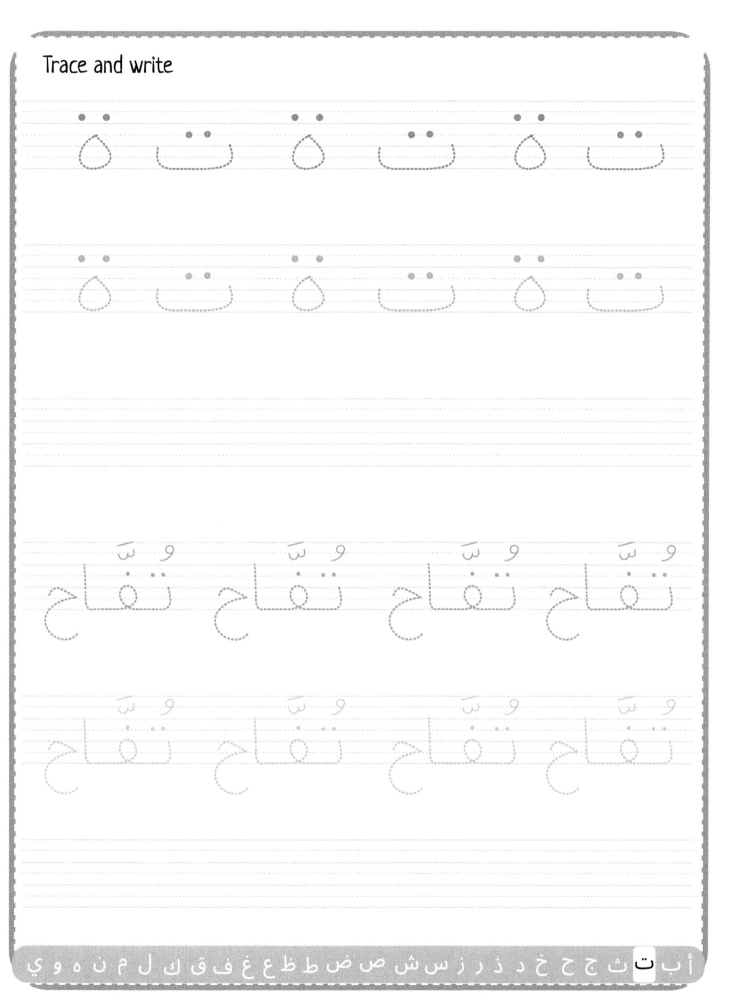

تَـ ـتَـ ـت

ت تـ ـتـ ـت

تِمْسَاح   كِتَاب   بِنْت

Complete each word with the appropriate lette تـ ـتـ ـت

ـمْسَاح   كِـ ـاب   بِنْـ

أ ب ت ث ج ح خ د ذ ر ز س ش ص ض ط ظ ع غ ف ق ك ل م ن ه و ي

As example, complete each words, write on the blank:

ت + ف + ا + ح = تفاح

هـ + ا + ت + ف = هـ..................

ح + و + ت = حـ..................

ب + ي + ت = بـ..................

Find and color letter **Tā**

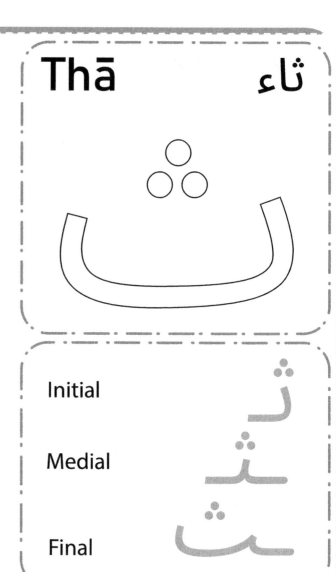

Thā ثاء

ث

Initial ثـ

Medial ـثـ

Final ـث

ثَعْلَب

Thaalab (Fox)

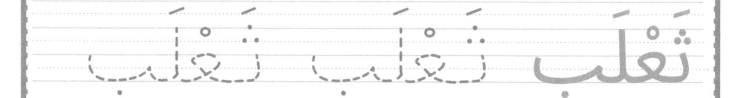

ث ث ث ث ث ث

ثَعْلَب ثعلب ثعلب

أ ب ت ث ج ح خ د ذ ر ز س ش ص ض ط ظ ع غ ف ق ك ل م ن ه و ي

Trace and write

ث ث ث ث ث ث

ث ث ث ث ث ث

ثَعْلَب ثَعْلَب ثَعْلَب

ثَعْلَب ثَعْلَب ثَعْلَب

أ ب ت ث ج ح خ د ذ ر ز س ش ص ض ط ظ ع غ ف ق ك ل م ن ه و ي

ثـ ـثـ ـث

ثـ ثـ ثـ

ـثـ ـثـ ـثـ

ـث ـث ـث

ثُعْبَان

كُمَثْرَى

مُثَلَّث

Complete each word with the appropriate lette ثـ ـثـ ـث

ـعْبَان كُمَـ ـرَى مُثَلَّـ

أ ب ت ث ج ح خ د ذ ر ز س ش ص ض ط ظ ع غ ف ق ك ل م ن ه و ي

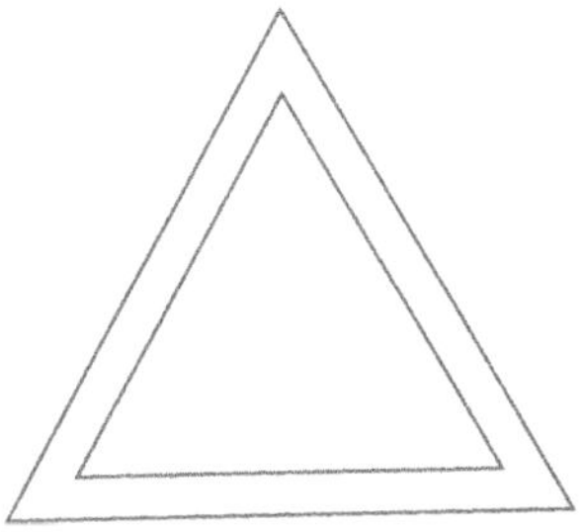

As example, complete each words, write on the blank:

ث + ع + ل + ب = ثعلب

ث + ل + ا + ث + ة = ثـ..................

ث + و + ب = ثـ..................

ث + ل + ج = ثـ..................

Find and color letter Thā

ص ع ح ق

ن ث ز ش

ث و ذ ث

أ ب ت ث ج ح خ د ذ ر ز س ش ص ض ط ظ ع غ ف ق ك ل م ن ه و ي

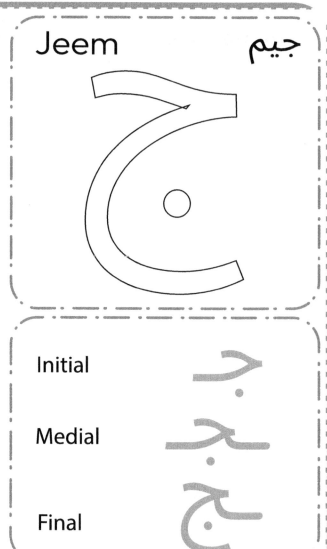

Jeem جيم

Initial جـ

Medial ـجـ

Final ـج

جَمَل

Jamal (Camel)

ج ج ج ج ج ج ج ج

جَمَل جَمَل جَمَل جَمَل جَمَل

أ ب ت ث ج ح خ د ذ ر ز س ش ص ض ط ظ ع غ ف ق ك ل م ن ه و ي

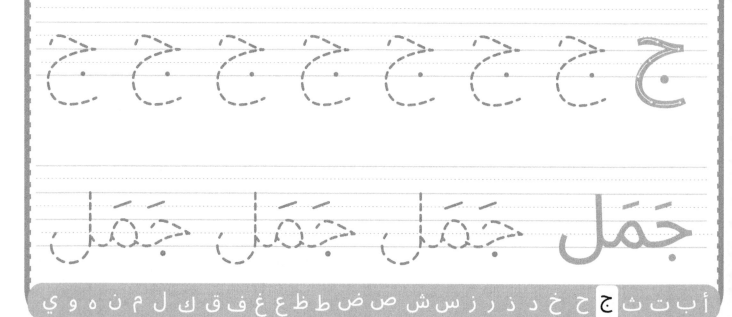

Trace and write

ج ج ج ج ج ج ج

ج ج ج ج ج ج ج

جَمَل جَمَل جَمَل جَمَل

جَمَل جَمَل جَمَل جَمَل

ـج ـجـ جـ

ثَلْج سِنْجَاب جَرَاد

Complete each word with the appropriate lette ـج ـجـ جـ

ثَلْـ سِنْـ ـاب ـرَاد

أ ب ت ث ج ح خ د ذ ر ز س ش ص ض ط ظ ع غ ف ق ك ل م ن ه و ي

As example, complete each words, write on the blank:

ج + م + ل = جمل

ج + ب + ن = جـ..................

ز + ج + ا + ج = ز..................

ج + ر + س = جـ..................

Find and color letter **Jeem**

أ ب ت ث ج ح خ د ذ ر ز س ش ص ض ط ظ ع غ ف ق ك ل م ن ه و ي

Hā حاء

ح

Initial حـ

Medial ـحـ

Final ـح

حِصَان

Hissan (Horse)

ح ح ح ح ح ح ح ح

حِصَان حِصَان حِصَان

Trace and write

ح ح ح ح ح ح ح

ح ح ح ح ح ح ح

حِصَان حِصَان حِصَان

حِصَان حِصَان حِصَان

حـ ـحـ ـح

حَمَامَة

نَحْلَة

مِلْح

Complete each word with the appropriate lette حـ ـحـ ـح

ـمَامَة نـ ـلَة مِلْـ

أ ب ت ث ج **ح** خ د ذ ر ز س ش ص ض ط ظ ع غ ف ق ك ل م ن ه و ي

As example, complete each words, write on the blank:

ح + ص + ا + ن = حصان

ص + ح + ن = صـ..................

ل + ح + م = لـ..................

ح + و + ت = حـ..................

Find and color letter Hā

ط ح ط ح

و ح هـ ش

ح ر ز خ

أ ب ت ث ج ح خ د ذ ر ز س ش ص ض ط ظ ع غ ف ق ك ل م ن ه و ي

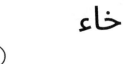

Khā خاء

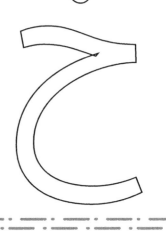

خ

خَرُوف

kharuf (Sheep)

Initial خـ

Medial ـخـ

Final ـخ

خ خ خ خ خ خ خ خ

خَرُوف خَرُوف خَرُوف خَرُوف

أ ب ت ث ج ح خ د ذ ر ز س ش ص ض ط ظ ع غ ف ق ك ل م ن ه و ي

Trace and write

خ خ خ خ خ خ خ خ

خ خ خ خ خ خ خ خ

خَرُوف خَرُوف خَرُوف

خَرُوف خَرُوف خَرُوف

خ ـخـ خـ

بَطِّيخ

نَخْلَة

خُبْز

Complete each word with the appropriate lette خـ ـخـ ـخ

بَطِّيـ ـــ   نَـ ـــلَة   ـــبْز

أ ب ت ث ج ح خ د ذ ر ز س ش ص ض ط ظ ع غ ف ق ك ل م ن ه و ي

As example, complete each words, write on the blank:

خ + ر + و + ف = خروف

م + خ + ب + ز + ة = مـ..................

خ + ي + م + ة = خـ..................

ك + و + خ = كـ..................

Find and color letter **Khā**

ل ـهـ ع خ

خ غ أ خ

ش ل خ ر

أ ب ت ث ج ح خ د ذ ر ز س ش ص ض ط ظ ع غ ف ق ك ل م ن ه و ي

Dāl دال

د

Initial دـ

Medial ـدـ

Final ـد

دِيك

Diik (Rooster)

د د د د د د د د د

دِيك دِيك دِيك

أ ب ت ث ج ح خ د ذ ر ز س ش ص ض ط ظ ع غ ف ق ك ل م ن ه و ي

Trace and write

د د د د د د د د د

د د د د د د د د د

دِيك دِيك دِيك دِيك

دِيك دِيك دِيك دِيك

د ـد ـد

د د د

ـد ـد ـد

ـد ـد ـد

دَجَاجَة

مَائِدَة

يَد

Complete each word with the appropriate lette د ـد

...جَاجَة مَائِـ...ة يَـ...

أ ب ت ث ج ح خ د ذ ر ز س ش ص ض ط ظ ع غ ف ق ك ل م ن ه و ي

As example, complete each words, write on the blank:

د + ي + ك = ديك

د + ر + ا + ج + ة = د ....

د + م + ي + ة = د ....

س + د = سـ..................

Find and color letter Dāl

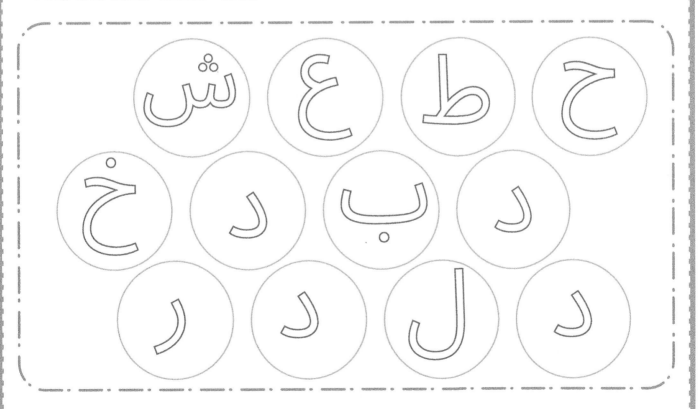

أ ب ت ث ج ح خ د ذ ر ز س ش ص ض ط ظ ع غ ف ق ك ل م ن ه و ي

Dhāl ذال

ذ

ذِئْب

Dhieb (Wolf)

Initial ذ

Medial ـذ

Final ـذ

ذ ذ ذ ذ ذ ذ ذ ذ

ذِئْب ذِئْب ذِئْب

أ ب ت ث ج ح خ د ذ ر ز س ش ص ض ط ظ ع غ ف ق ك ل م ن ه و ي

Trace and write

ذ ذ ذ ذ ذ ذ ذ ذ

ذ ذ ذ ذ ذ ذ ذ ذ

ذِئْب ذِئْب ذِئْب ذِئْب

ذِئْب ذِئْب ذِئْب ذِئْب

ذـ ـذـ ـذ

ذُرَة

نَافِذَة

قُنْفُذ

Complete each word with the appropriate lette ذ ـذ

...رَة نَافِـ...ة قُنْفُ...

أ ب ت ث ج ح خ د **ذ** ر ز س ش ص ض ط ظ ع غ ف ق ك ل م ن ه و ي

As example, complete each words, write on the blank:

ذ + ئ + ب   =   ذِئب

ت + ل + م + ي + ذ   =   ت...............

ذ + ب + ا + ب + ة   =   ذ...............

ح + ذ + ا + ء   =   ﺣ...............

Find and color letter Dhāl

أ ب ت ث ج ح خ د ذ ر ز س ش ص ض ط ظ ع غ ف ق ك ل م ن ه و ي

Rā راء

ر

Initial ر

Medial ـرـ

Final ـر

رَاكُون

Rakoun (Raccoon)

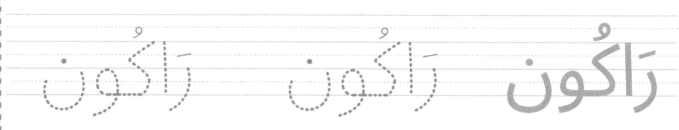

ر ر ر ر ر ر ر ر ر

رَاكُون رَاكُون رَاكُون

أ ب ت ث ج ح خ د ذ ر ز س ش ص ض ط ظ ع غ ف ق ك ل م ن ه و ي

Trace and write

ر ر ر ر ر ر ر ر ر

ر ر ر ر ر ر ر ر ر

رَاكُون رَاكُون رَاكُون رَاكُون

رَاكُون رَاكُون رَاكُون رَاكُون

ـر ـر ـ ر ـ

ر ـر ـر

بِئْـر كُرْسِي رُمَّان

Complete each word with the appropriate lette ر ـر

بِئْـ كُـ سِي مَّان

أ ب ت ث ج ح خ د ذ ر ز س ش ص ض ط ظ ع غ ف ق ك ل م ن ه و ي

As example, complete each words, write on the blank:

ر + ا + ك + و + ن = راكون

ك + ر + ة = كـ....................

م + د + ر + س + ة = مـ....................

ر + ج + ل = ر ....

Find and color letter Rā

ت غ ع ف

ر ر أ و

ط ل ر ر

أ ب ت ث ج ح خ د ذ ر ز س ش ص ض ط ظ ع غ ف ق ك ل م ن ه و ي

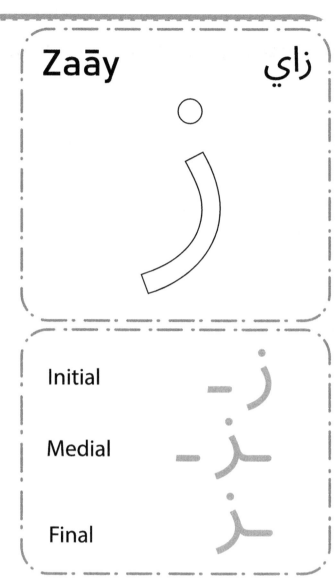

زَرَافَة

Zarafa (Ggiraffe)

Zaāy زاي

ز

Initial زـ

Medial ـزـ

Final ـز

ز ز ز ز ز ز ز ز ز ز

زَرَافَة زَرَافَة زَرَافَة زَرَافَة زَرَافَة

أ ب ت ث ج ح خ د ذ ر **ز** س ش ص ض ط ظ ع غ ف ق ك ل م ن ه و ي

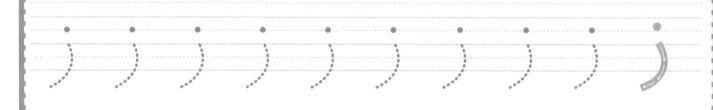

Trace and write

ز ز ز ز ز ز ز ز ز ز

ز ز ز ز ز ز ز ز ز ز

زَرافَة زَرافَة زَرافَة زَرافَة

زَرافَة زَرافَة زَرافَة زَرافَة

ز - ـز - ـز

زَهْرَة

جَزَرَة

كَرَز

Complete each word with the appropriate lette ر ـر

....هْرَة جَـ....رَة كَرَ....

أ ب ت ث ج ح خ د ذ ر ز س ش ص ض ط ظ ع غ ف ق ك ل م ن ه و ي

As example, complete each words, write on the blank:

ز + ر + ا + ف + ة = زرافة

خ + ز + ا + ن + ة = خـ..............

أ + ز + ر + ق = أ..............

م + ز + ر + ع + ة = مـ..............

Find and color letter **Zaāy**

د ز ع ز

خ م أ و

ك ز ش ز

أ ب ت ث ج ح خ د ذ ر **ز** س ش ص ض ط ظ ع غ ف ق ك ل م ن ه و ي

Seen

سين

س

Initial	سـ
Medial	ـسـ
Final	ـس

سَمَكَة

Samaka (Fish)

س س س س س س س

سَمَكَة سَمَكَة سَمَكَة سَمَكَة

Trace and write

س س س س س س س

س س س س س س س

سَمَكَة سَمَكَة سَمَكَة

سَمَكَة سَمَكَة سَمَكَة

ـس ـسـ سـ

سـ سـ

ـسـ ـسـ

ـس ـس

شَمْس

تِمْسَاح

سَيَّارَة

Complete each word with the appropriate lette سـ ـسـ ـس

شَمْـ ...... تِمـ ... ـاح ...... ـيَّارَة

أ ب ت ث ج ح خ د ذ ر ز س ش ص ض ط ظ ع غ ف ق ك ل م ن ه و ي

As example, complete each words, write on the blank:

س + م + ك + ة = سمكة

س + د = سـ..................

ل + س + ا + ن = لـ ....

س + ل + ك = سـ..................

Find and color letter **Seen**

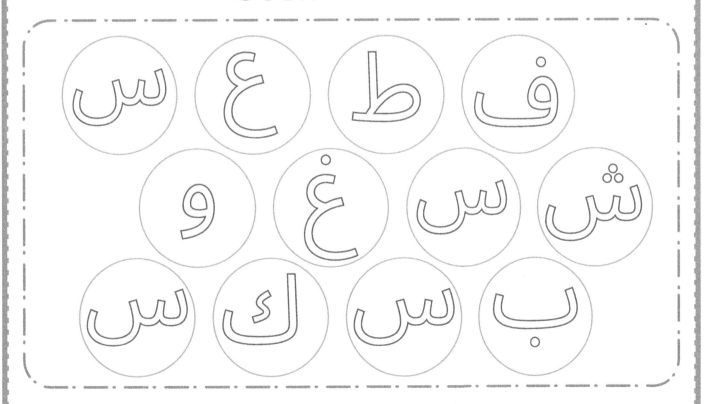

ف ط ع س

ش س غ و

ب س ك س

أ ب ت ث ج ح خ د ذ ر ز س ش ص ض ط ظ ع غ ف ق ك ل م ن ه و ي

shīn شين

ش

Initial	شـ
Medial	ـشـ
Final	ـش

شَجَرَة

Shajara (Tree)

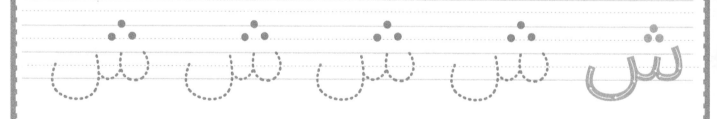

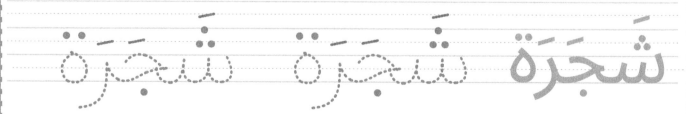

ش ش ش ش ش ش ش ش ش

شَجَرَة شَجَرَة شَجَرَة

أ ب ت ث ج ح خ د ذ ر ز س ش ص ض ط ظ ع غ ف ق ك ل م ن ه و ي

Trace and write

ش ش ش ش ش ش

ش ش ش ش ش ش

شَجَرَة شَجَرَة شَجَرَة

شَجَرَة شَجَرَة شَجَرَة

شـ ـشـ ـش

شَاحِنَة

مِنْشَار

عُشّ

Complete each word with the appropriate lette شـ ـشـ ـش

ـــاحِنَة مِنْـــار عُـــ

أ ب ت ث ج ح خ د ذ ر ز س ش ص ض ط ظ ع غ ف ق ك ل م ن ه و ي

As example, complete each words, write on the blank:

ش + ج + ر + ة = شجرة

م + ش + ط = مـ..................

ع + ش + ب = عـ..................

ش + م + س = شـ..................

Find and color letter **Shīn**

ز ه ل ع

ش ش ش غ

و ش ك ر

Sād صاد

ص

Initial صـ

Medial ـصـ

Final ـص

صَارُوخ

Sarukh (Rocket)

ص ص ص ص ص ص ص ص ص ص ص

صَارُوخ صَارُوخ صَارُوخ

أ ب ت ث ج ح خ د ذ ر ز س ش ص ض ط ظ ع غ ف ق ك ل م ن ه و ي

Trace and write

ص ص ص ص ص ص

ص ص ص ص ص ص

صَارُوخ صَارُوخ صَارُوخ

صَارُوخ صَارُوخ صَارُوخ

أ ب ت ث ج ح خ د ذ ر ز س ش ص ض ط ظ ع غ ف ق ك ل م ن ه و ي

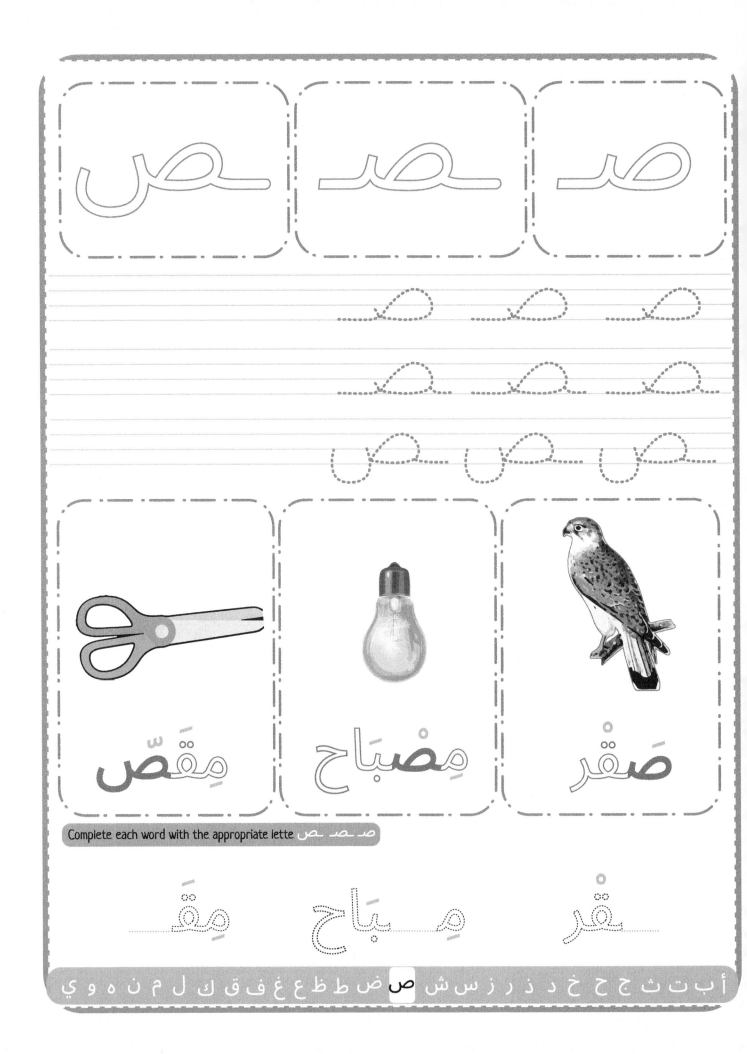

صـ ـصـ ـص

صَقْر

مِصْبَاح

مِقَصّ

Complete each word with the appropriate lette صـ ـصـ ـص

ـقْر مِـ ـبَاح مِقَـ

أ ب ت ث ج ح خ د ذ ر ز س ش ص ض ط ظ ع غ ف ق ك ل م ن ه و ي

As example, complete each words, write on the blank:

ص + ا + ر + و + خ = صاروخ

ف + ص + ل = فـ.....................

ص + ا + ب + و + ن = صـ.....................

ب + ص + ل = بـ.....................

Find and color letter **Sād**

Dād ضاد

ض

Initial ضـ

Medial ـضـ

Final ـض

ضِفْدَع

Difdaa (Frog)

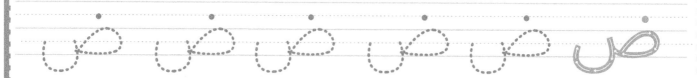

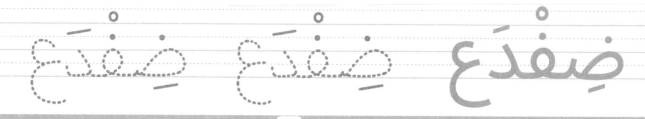

ض ض ض ض ض ض ض ض

ضِفْدَع ضِفْدَع ضِفْدَع

أ ب ت ث ج ح خ د ذ ر ز س ش ص ض ط ظ ع غ ف ق ك ل م ن ه و ي

Trace and write

ض ض ض ض ض ض

ض ض ض ض ض ض

ضِفْدَع ضِفْدَع ضِفْدَع

ضِفْدَع ضِفْدَع ضِفْدَع

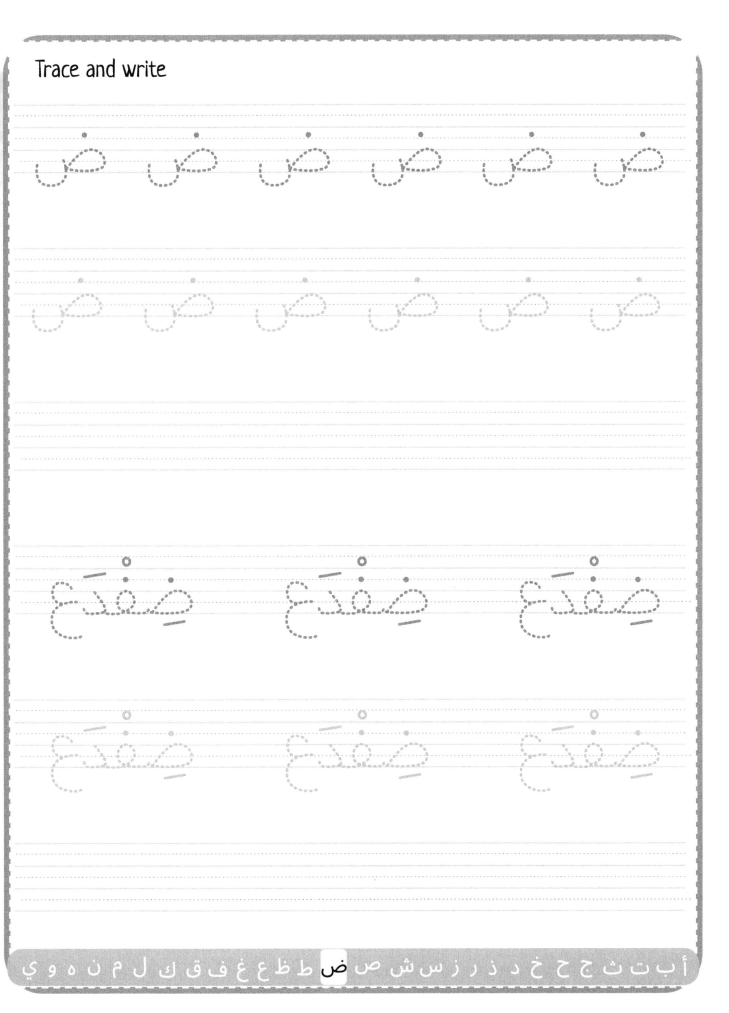

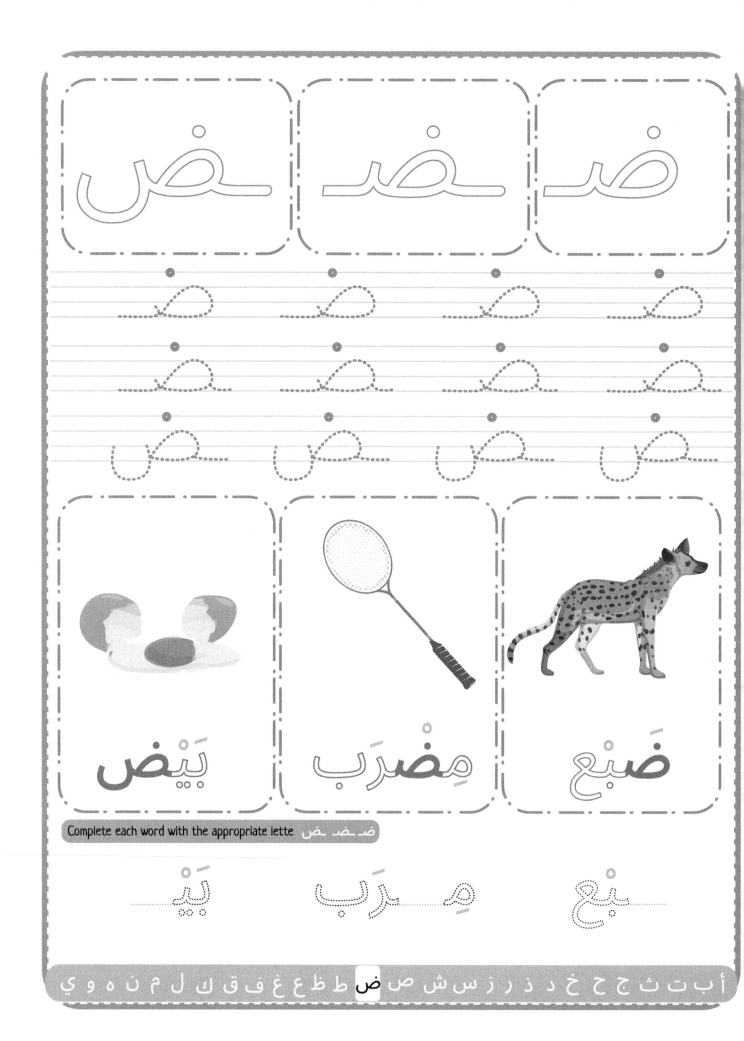

ضـ ـضـ ـض

ضَبْع مِضْرَب بَيْض

Complete each word with the appropriate lette ضـ ـضـ ـض

ـبْع مِـرَب بَيْـ

أ ب ت ث ج ح خ د ذ ر ز س ش ص ض ط ظ ع غ ف ق ك ل م ن ه و ي

As example, complete each words, write on the blank:

ض + ف + د + ع = ضفدع

أ + ر + ض = أ....................

ر + ي + ا + ض + ة = ر....................

أ + خ + ض + ر = أ....................

Find and color letter Dād

ض ط ع ض

ش أ ص و

د ض ك ض

أ ب ت ث ج ح خ د ذ ر ز س ش ص **ض** ط ظ ع غ ف ق ك ل م ن ه و ي

Ṭaā طاء

ط

Initial ط

Medial ـطـ

Final ـط

طَائِرة

Taira (Airplane)

ط ط ط ط ط ط ط

طَائِرة طَائِرة طَائِرة

Trace and write

ط ط ط ط ط ط ط

ط ط ط ط ط ط ط

طَائِرة طَائِرة طَائِرة

طَائِرة طَائِرة طَائِرة

ط ـطـ ـط

ط ط ط

ـطـ ـطـ ـطـ

ـط ـط ـط

طَاوُوس

بَطْرِيق

قِطّ

Complete each word with the appropriate lette ط ـطـ ـط

ـاوُوس بَـ ـرِيق قِـ

أ ب ت ث ج ح خ د ذ ر ز س ش ص ض **ط** ظ ع غ ف ق ك ل م ن ه و ي

As example, complete each words, write on the blank:

ط + ا + ئ + ر + ة = طائرة

م + ط + ا + ر = مـ..............

ب + ط + ل = بـ..............

ط + ي + ن = طـ..............

Find and color letter **Ṭaā**

ظاء

Zhā

ظ

Initial	ظ
Medial	ـظـ
Final	ـظ

ظَبْيٌ

Zhabie (Antelope)

ظ

ظبي

Trace and write

ظ ظ ظ ظ ظ ظ ظ

ظ ظ ظ ظ ظ ظ ظ

ظَبْي ظَبْي ظَبْي

ظَبْي ظَبْي ظَبْي

ظ ظ ظ

ظ ظ ظ

ظ ظ ظ

ظ ظ ظ

ظ ظ ظ

ظ ظ ظ

إِسْتِيْقَاظ

مِظَلَّة

ظَرْف

Complete each word with the appropriate lette ظ ظ ظ

ـرْف

مـ ـلَّة

إِسْتِيقَا

أ ب ت ث ج ح خ د ذ ر ز س ش ص ض ط ظ ع غ ف ق ك ل م ن ه و ي

As example, complete each words, write on the blank:

ظ + ب + ي = ظبي

ظ + ل = ظـ ....

م + ن + ظ + ر = مـ ....

ع + ظ + م = عـ ....

Find and color letter **Zhā**

و ظ ع ظ

ش ط ن ق

ظ ل ظ ر

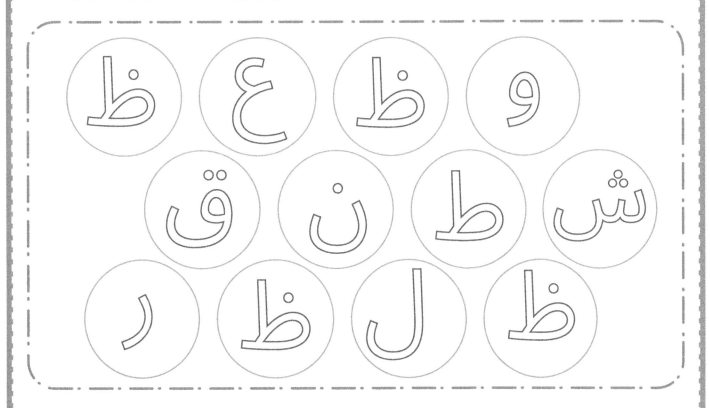

عين | Ayn

ع

Initial ‏عـ‏

Medial ‏ـعـ‏

Final ‏ـع‏

غُصْفُور

Ossfour (Bird)

ع ع ع ع ع ع ع ع ع

عصفور عصفور عصفور

Trace and write

ع ع ع ع ع ع ع ع ع

ع ع ع ع ع ع ع ع ع

عصفور عصفور عصفور

عصفور عصفور عصفور

أ ب ت ث ج ح خ د ذ ر ز س ش ص ض ط ظ ع غ ف ق ك ل م ن ه و ي

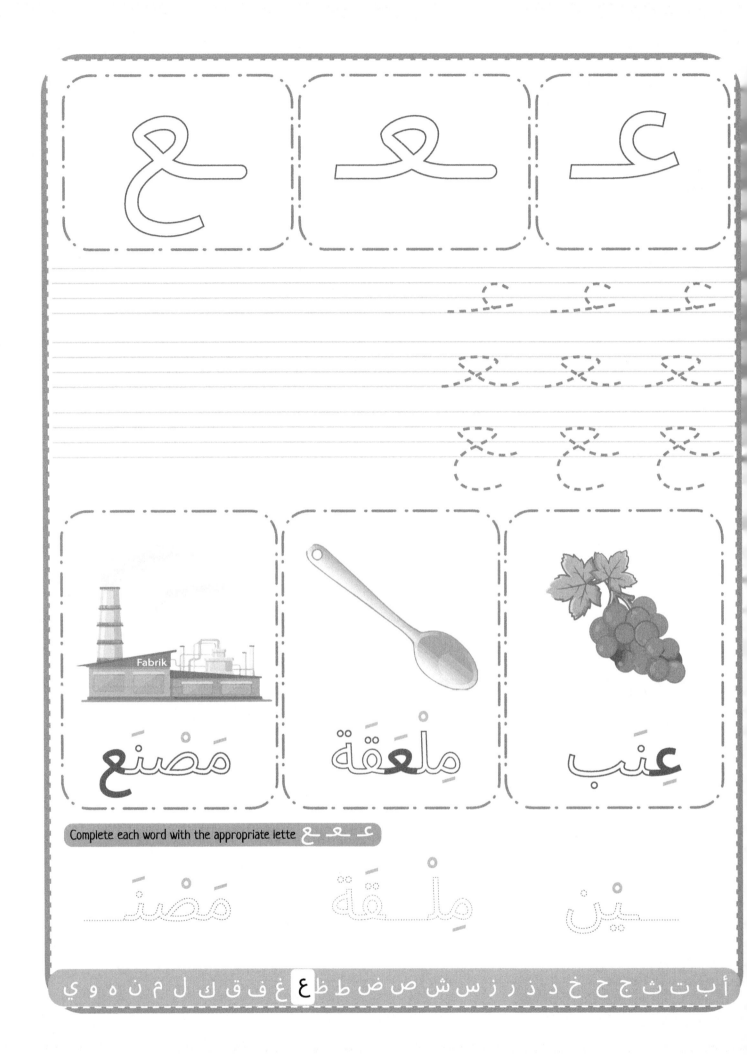

ع ـعـ ـع

عـ ـعـ ـع

مَصْنَع

مِلْعَقَة

عِنَب

Complete each word with the appropriate lette عـ ـعـ ـع

ـيْن مِلـقَة مَصْنـ

أ ب ت ث ج ح خ د ذ ر ز س ش ص ض ط ظ ع غ ف ق ك ل م ن ه و ي

As example, complete each words, write on the blank:

ع + ص + ف + و + ر = عصفور

ع + ل + م = عـ ....

ع + س + ل = عـ ....

د + ر + ا + ع = د ....

Find and color letter Ayn

Ghayn غين

غ

Initial غـ

Medial ـغـ

Final ـغ

غُرَاب

Ghurab (Crow)

غ غ غ غ غ غ غ غ غ غ

غُرَاب غُرَاب غُرَاب

أ ب ت ث ج ح خ د ذ ر ز س ش ص ض ط ظ ع غ ف ق ك ل م ن ه و ي

Trace and write

غ غ غ غ غ غ غ غ

غ غ غ غ غ غ غ غ

غُرَاب غُرَاب غُرَاب غُرَاب

غُرَاب غُرَاب غُرَاب غُرَاب

غـ ـغـ ـغ

Abgeschlossen

غَيْمَة مُغْلَق رُسْغ

Complete each word with the appropriate lette غـ ـغـ ـغ

ـيْمَة مُـلَق رُسْـ

أ ب ت ث ج ح خ د ذ ر ز س ش ص ض ط ظ ع غ ف ق ك ل م ن ه و ي

As example, complete each words, write on the blank:

غ + ر + ا + ب = غراب

ص + م + غ = صـ..................

غ + ر + ب + ا + ل = غـ..................

ب + غ + ل = بـ..................

Find and color letter Ghayn

غ غ م ق

ع و ى ش

ذ ط غ غ

أ ب ت ث ج ح خ د ذ ر ز س ش ص ض ط ظ ع **غ** ف ق ك ل م ن ه و ي

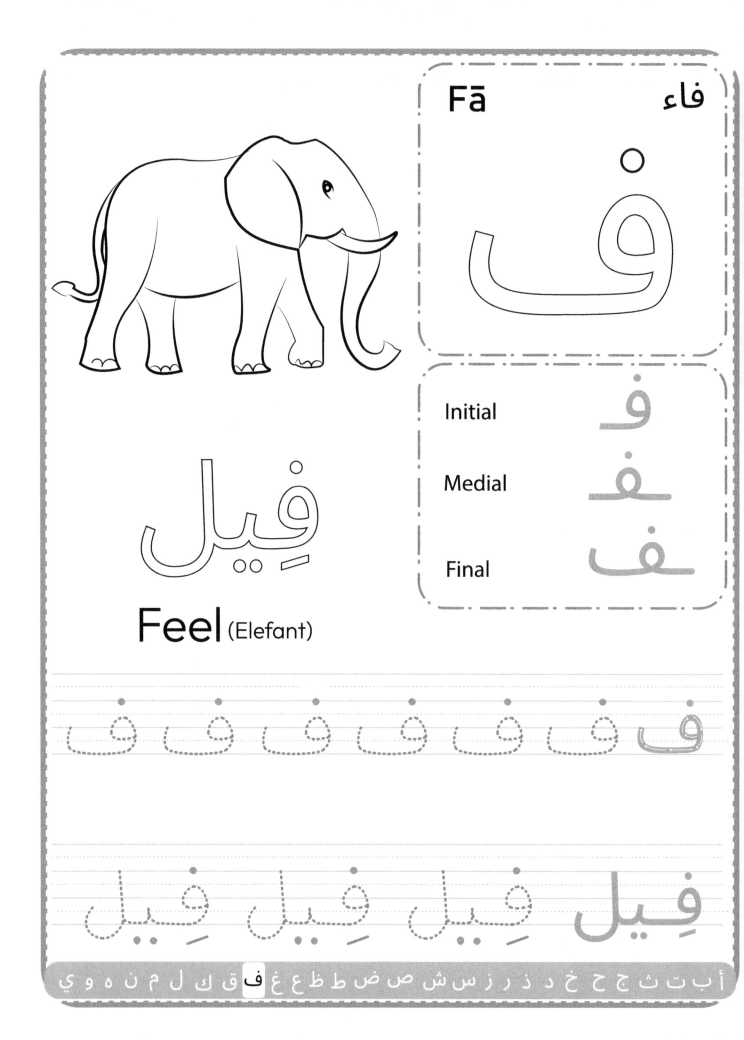

Fā **فاء**

ف

Initial فـ

Medial ـفـ

Final ـف

فِيل

Feel (Elefant)

ف ف ف ف ف ف ف ف

فِيل فِيل فِيل فِيل

أ ب ت ث ج ح خ د ذ ر ز س ش ص ض ط ظ ع غ **ف** ق ك ل م ن ه و ي

Trace and write

ف ف ف ف ف ف ف

ف ف ف ف ف ف ف

فيل فيل فيل فيل فيل

فيل فيل فيل فيل فيل

فـ ـفـ ـف

فَرَاشَة

تُفَّاح

مِعْطَف

Complete each word with the appropriate lette فـ ـفـ ـف

ـرَاشَة تُـ ـاح مِعْطَـ

As example, complete each words, write on the blank:

ف + ي + ل = فيل

ط + ف + ل = طـ..................

س + ف + ي + ن + ة = سـ..................

ف + ن + د + ق = فـ..................

Find and color letter **Fā**

ح غ أ ف

ف هـ ب و

ز س ف ف

أ ب ت ث ج ح خ د ذ ر ز س ش ص ض ط ظ ع غ **ف** ق ك ل م ن ه و ي

Qāf قاف

ق

Initial	قـ
Medial	ـقـ
Final	ـق

قِرْد

Qird (Monkey)

ق ق ق ق ق ق ق ق

قِرْد قِرْد قِرْد قِرْد

Trace and write

ق ق ق ق ق ق ق ق

ق ق ق ق ق ق ق ق

قِرْد قِرْد قِرْد قِرْد

قِرْد قِرْد قِرْد قِرْد

ق ـقـ ـق

ق ق ق

ـقـ ـقـ ـقـ

ـق ـق ـق

قَلْب

بُرْتُقَال

طَرِيق

Complete each word with the appropriate lette ق ـقـ ـق

ـلْب بُرْتُـال طَرِيـ

أ ب ت ث ج ح خ د ذ ر ز س ش ص ض ط ظ ع غ ف ق ك ل م ن ه و ي

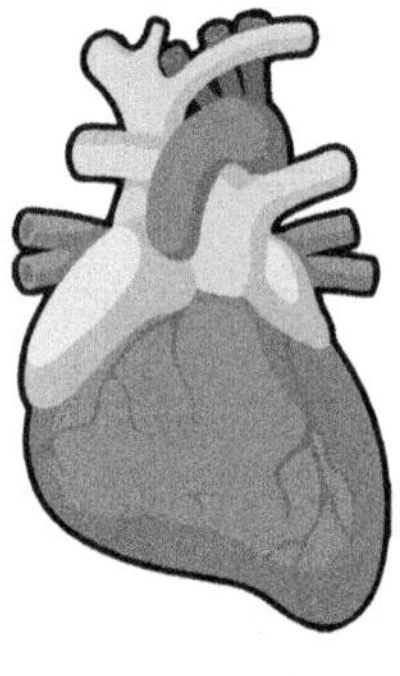

As example, complete each words, write on the blank:

ق + ر + د = قرد

م + ق + ص = مـ ....

ب + ق + ر + ة = بـ ....

ق + ف + ل = قـ ....

Find and color letter **Qāf**

ش ق ط ق

ع ق و ق

د ل ك ر

أ ب ت ث ج ح خ د ذ ر ز س ش ص ض ط ظ ع غ ف **ق** ك ل م ن ه و ي

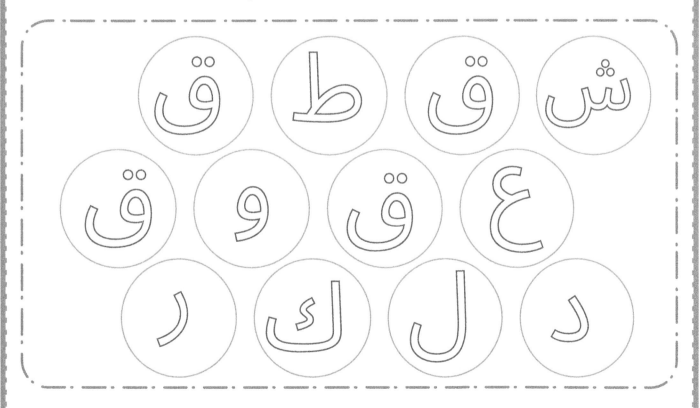

Kāf كاف

ك

Initial كـ

Medial ـكـ

Final ـك

كَلب

Kalb (Dog)

ك ك ك ك ك ك

كَلْب كَلْب كَلْب كَلْب

أ ب ت ث ج ح خ د ذ ر ز س ش ص ض ط ظ ع غ ف ق ك ل م ن ه و ي

Trace and write

ـك ك ـك ك ـك ك ـك ك

ـك ك ـك ك ـك ك ـك ك

كَلْب كَلْب كَلْب كَلْب

كَلْب كَلْب كَلْب كَلْب

ك كـ ـك

كُرَة سَمَكَة دِيك

ك كـ ـك Complete each word with the appropriate lette

ـرَة ســـة دِيـ

أ ب ت ث ج ح خ د ذ ر ز س ش ص ض ط ظ ع غ ف ق **ك** ل م ن ه و ي

As example, complete each words, write on the blank:

ك + ل + ب = كلب

م + ك + ت + ب + ة = مـ ....

س + ل + ك = سـ ....

ك + ت + ا + ب = كـ ....

Find and color letter **Kāf**

ن ك ع ك

ش هـ ك و

ز ل ك ف

أ ب ت ث ج ح خ د ذ ر ز س ش ص ض ط ظ ع غ ف ق **ك** ل م ن ه و ي

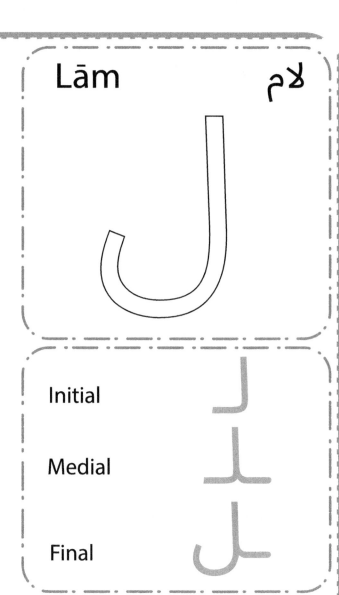

لَقْلَق

Laqlaq (Stork)

Lām لام

ل

Initial لـ

Medial ـلـ

Final ـل

ل ل ل ل ل ل ل

لَقْلَق لَقْلَق لَقْلَق لَقْلَق

أ ب ت ث ج ح خ د ذ ر ز س ش ص ض ط ظ ع غ ف ق ك ل م ن ه و ي

Trace and write

ل ل ل ل ل ل ل

ل ل ل ل ل ل ل

لَقْلَق لَقْلَق لَقْلَق لَقْلَق لَقْلَق

لَقْلَق لَقْلَق لَقْلَق لَقْلَق لَقْلَق

لـ ـلـ ـل

لـ لـ لـ لـ

ـلـ ـلـ ـلـ ـلـ

ـل ـل ـل ـل

لَيْمُون

مِلْح

بَصَل

Complete each word with the appropriate lette لـ ـلـ ـل

...يْمُون مِـ...ـح بَصَـ...

أ ب ت ث ج ح خ د ذ ر ز س ش ص ض ط ظ ع غ ف ق ك **ل** م ن ه و ي

As example, complete each words, write on the blank:

ل + ق + ل + ق = لقلق

ح + ل + ي + ب = حـ..................

حـ

ل + و + ز = لـ..................

ق + ل + م = قـ..................

Find and color letter **Lām**

Meem ميم

م

Initial مـ

Medial ـمـ

Final ـم

مَنْزِل

Manzil (House)

م م م م م م م م

مَنْزِل مَنْزِل مَنْزِل مَنْزِل

Trace and write

م م م م م م م م م م

م م م م م م م م م م

مَنْزِل مَنْزِل مَنْزِل مَنْزِل

مَنْزِل مَنْزِل مَنْزِل مَنْزِل

مـ ـمـ ـم

مَطَر	قَمَر	قَلَم

Complete each word with the appropriate lette مـ ـمـ ـم

ـطَر قَـ ـر قَلَـ

As example, complete each words, write on the blank:

م + ن + ز + ل = منزل

م + ت + ج + ر = مـ..................

م + و + ز = مـ..................

ن + م + ر = نـ..................

Find and color letter **Meem**

خ غ ز ر

م م ك م

ز ل م ص

أ ب ت ث ج ح خ د ذ ر ز س ش ص ض ط ظ ع غ ف ق ك ل م ن ه و ي

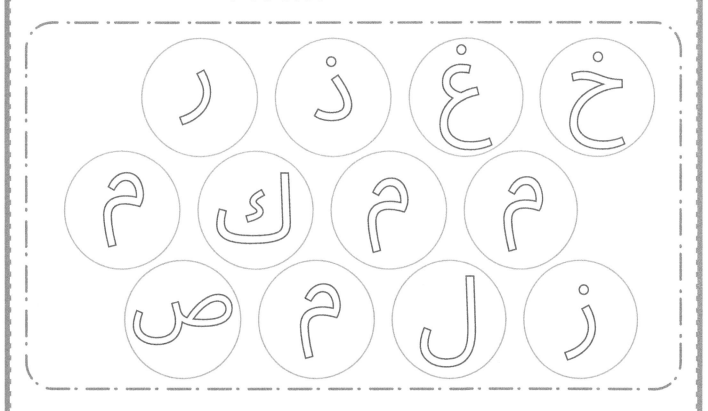

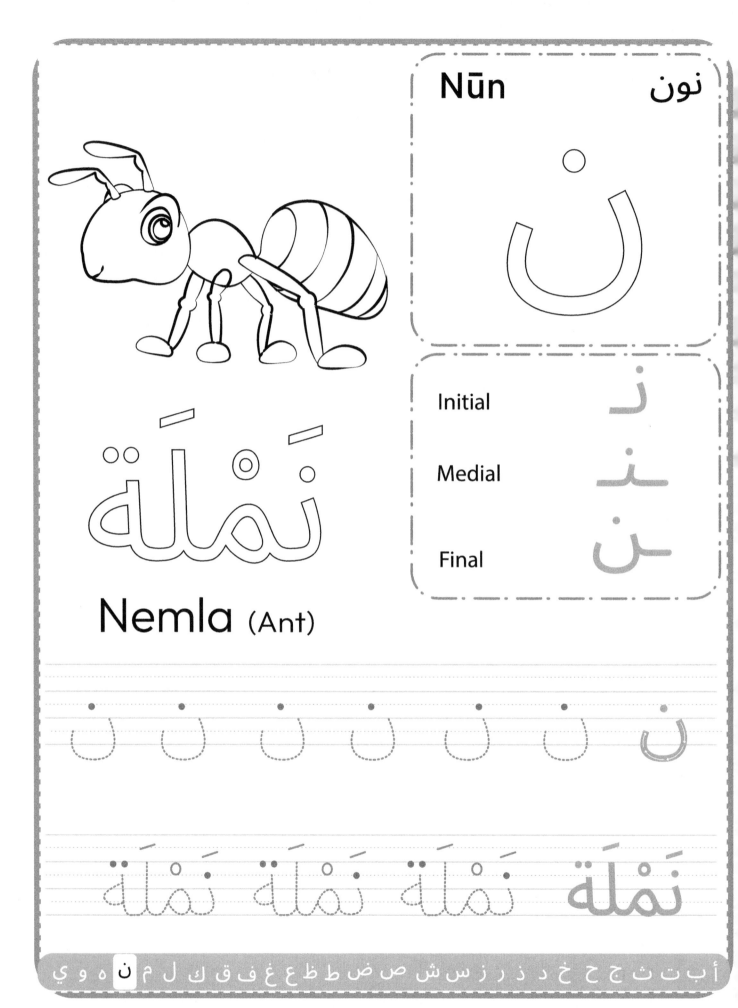

Nūn نون

ن

Initial نـ

Medial ـنـ

Final ـن

نَمْلَة

Nemla (Ant)

ن ن ن ن ن ن ن

نَمْلَة نَمْلَة نَمْلَة نَمْلَة نَمْلَة

أ ب ت ث ج ح خ د ذ ر ز س ش ص ض ط ظ ع غ ف ق ك ل م ن ه و ي

Trace and write

ن ن ن ن ن ن ن ن

ن ن ن ن ن ن ن ن

نَمْلَة نَمْلَة نَمْلَة نَمْلَة

نَمْلَة نَمْلَة نَمْلَة نَمْلَة

نـ ـنـ ـن

نَمِـر مَنْزِل عَيْـن

Complete each word with the appropriate lette نـ ـنـ ـن

ـمِـر مَـزِل عَيْـ

أ ب ت ث ج ح خ د ذ ر ز س ش ص ض ط ظ ع غ ف ق ك ل م ن ه و ي

As example, complete each words, write on the blank:

ن + م + ل + ة = نملة

ن + س + ر = نـ..................

ن + ج + م + ة = نـ..................

ص + ح + ن = صـ..................

Find and color letter **Nūn**

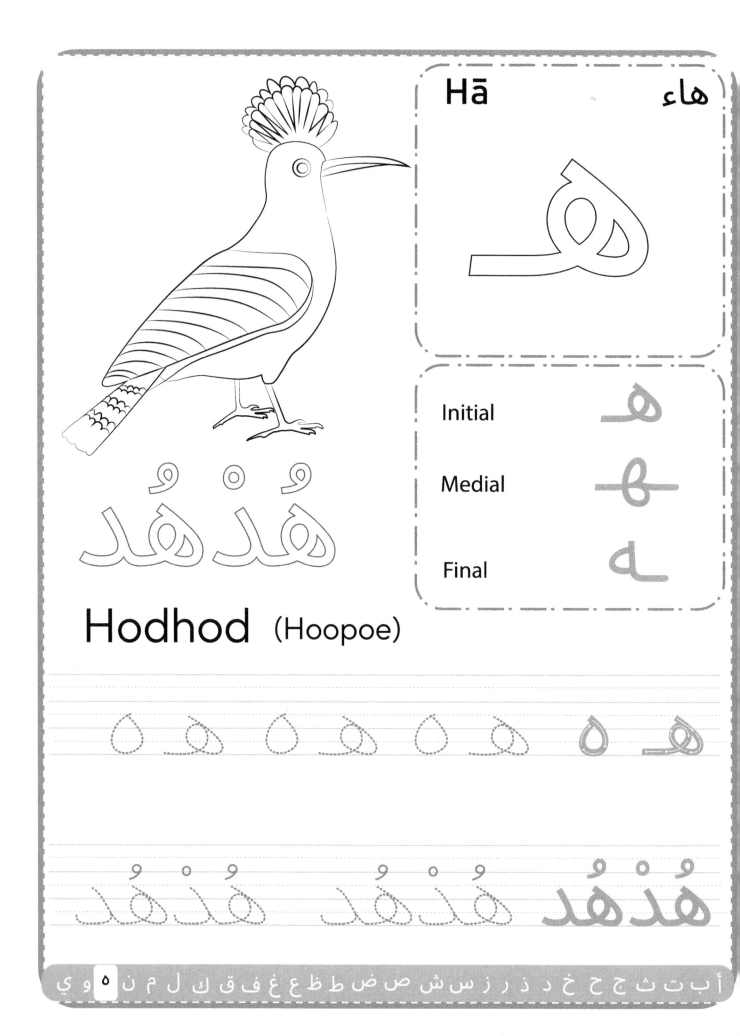

هُدْهُد

Hodhod (Hoopoe)

Hā **هاء**

هـ

Initial	هـ
Medial	ـهـ
Final	ـه

هـ ه هـ ه هـ ه هـ ه

هُدْهُد هُدْهُد هُدْهُد هُدْهُد هُدْهُد

Trace and write

هـ ه هـ ه هـ ه هـ ه

هـ ه هـ ه هـ ه هـ ه

هُدْهُد هُدْهُد هُدْهُد

هُدْهُد هُدْهُد هُدْهُد

هـ ـهـ ـه

هَرَم

قَهْوَة

فَوَاكِه

Complete each word with the appropriate lette هـ ـهـ ـه

ـرَم قَـ ـوَة فَوَاكِـ

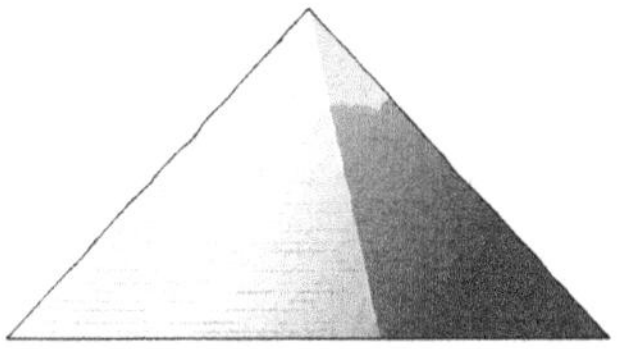

As example, complete each words, write on the blank:

ه + د + ه + د = هدهد

ف + ه + د = فـ..................

و + ج + ه = و..................

ه + ل + ا + ل = هـ..................

Find and color letter Hā

هـ ط ع هـ

و أ هـ ش

ر ك ل هـ

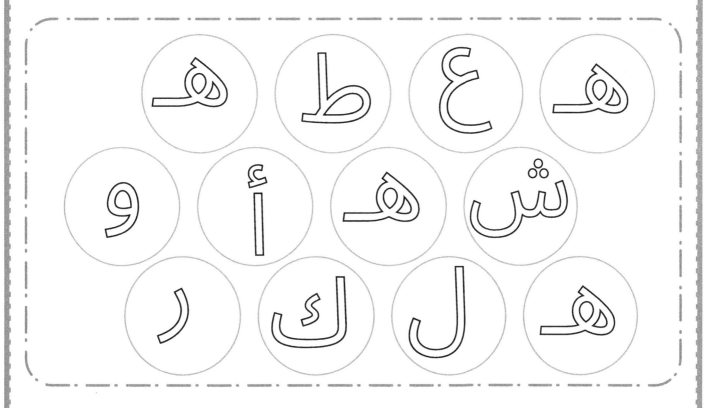

Wāw واو

و

وَطْوَاط

Wattwat (Bat)

Initial وـ

Medial ـوـ

Final ـو

و و و و و و و و و

وَطْوَاط وَطْوَاط وَطْوَاط

Trace and write

و و و و و و و و و و و

و و و و و و و و و و و

وَطْوَاط وَطْوَاط وَطْوَاط

وَطْوَاط وَطْوَاط وَطْوَاط

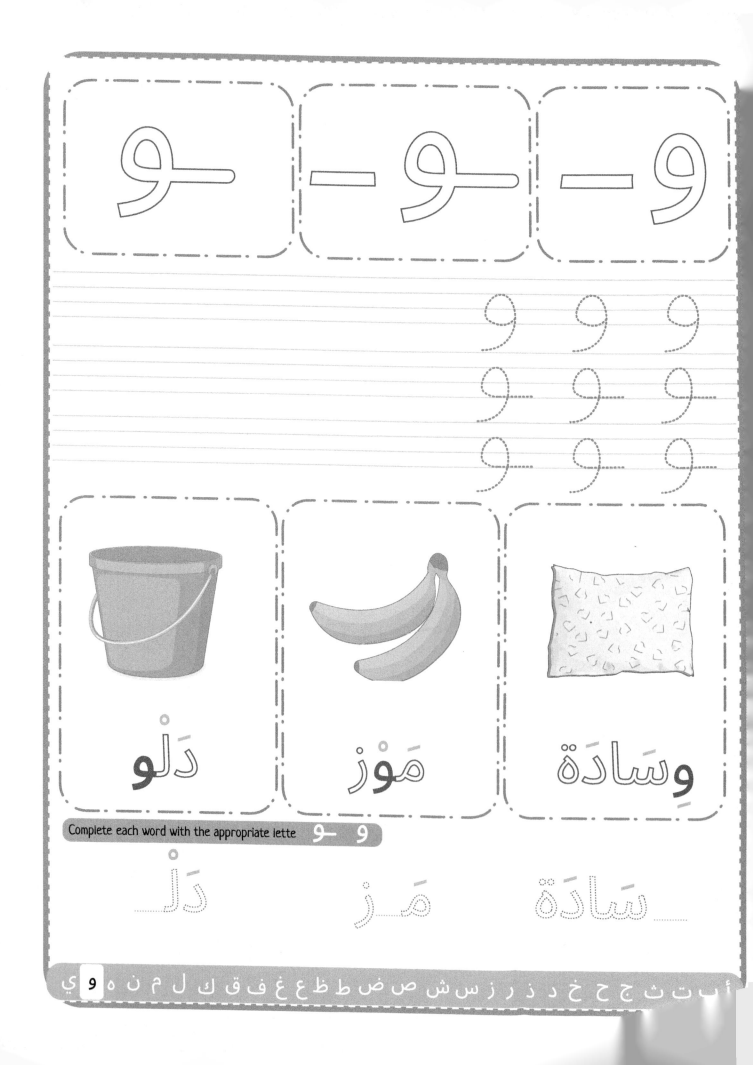

و ـو ـو

و و و
ـو ـو ـو
ـو ـو ـو

وِسَادَة مَوْز دَلْو

Complete each word with the appropriate lette و ـو

ـسَادَة مَـز دَلْـ

As example, complete each words, write on the blank:

و + ط + و + ا + ط = وطواط

ل + و + ن = لـ..................

ح + و + ت = حـ..................

ن + و + م = نـ..................

Find and color letter **Wāw**

و ق غ و

ش ظ أ و

ع و ن ر

يَمَامَة

Yemama (Dove)

Yā

ياء

ي

Initial يـ

Medial ـيـ

Final ـي

ي ي ي ي ي ي ي ي ي

يَمَامَة يَمَامَة يَمَامَة

أ ب ت ث ج ح خ د ذ ر ز س ش ص ض ط ظ ع غ ف ق ك ل م ن ه و ي

Trace and write

ي ي ي ي ي ي ي ي ي ي

ي ي ي ي ي ي ي ي ي ي

يَمامَة يَمامَة يَمامَة يَمامَة

يَمامَة يَمامَة يَمامَة يَمامَة

أ ب ت ث ج ح خ د ذ ر ز س ش ص ض ط ظ ع غ ف ق ك ل م ن ه و ي

ـي ـيـ يـ

كُرْسِي

خِيَار

يَعْسُوب

Complete each word with the appropriate lette ـي ـيـ يـ

كُرْسِـ خِـار ـعْسُوب

أ ب ت ث ج ح خ د ذ ر ز س ش ص ض ط ظ ع غ ف ق ك ل م ن ه و ي

As example, complete each words, write on the blank:

ي + م + ا + م + ة = يمامة

ب + ي + ت = بـ..................

ي + ا + س + م + ي + ن = يـ..................

ج + د + ي = جـ..................

Find and color letter **Yā**

ج ط ي خ

ش ي و ي

ز ل ي ر

أ ب ت ث ج ح خ د ذ ر ز س ش ص ض ط ظ ع غ ف ق ك ل م ن ه و ي

الأرقام العربية الشرقية

Eastern Arabic numbers

٠	١	٢	٣	٤
Siffer	Wahid	Ithnan	Thalatha	Arbaâa
0	1	2	3	4

٥	٦	٧	٨	٩
Khamssa	Sitta	Sabäa	Thamaniya	Tissäa
5	6	7	8	9

٠ ١ ٢ ٣ ٤

٥ ٦ ٧ ٨ ٩